Hasnaa El Basri

Modélisation et commande des convertisseurs de tension triphasés AC/DC

Hasnaa El Basri

Modélisation et commande des convertisseurs de tension triphasés AC/DC

Raccordés au réseau électrique

Éditions universitaires européennes

Imprint

Any brand names and product names mentioned in this book are subject to trademark, brand or patent protection and are trademarks or registered trademarks of their respective holders. The use of brand names, product names, common names, trade names, product descriptions etc. even without a particular marking in this work is in no way to be construed to mean that such names may be regarded as unrestricted in respect of trademark and brand protection legislation and could thus be used by anyone.

Cover image: www.ingimage.com

Publisher:
Éditions universitaires européennes
is a trademark of
International Book Market Service Ltd., member of OmniScriptum Publishing Group
17 Meldrum Street, Beau Bassin 71504, Mauritius

Printed at: see last page
ISBN: 978-613-1-58525-8

Résumé

L'étude de la stabilité transitoire des réseaux de transport d'énergie électrique constitue un sujet important pour la planification et l'exploitation des réseaux.

Notre sujet de recherche a été consacré à la modélisation, la commande des convertisseurs AC/DC, le contrôle du courant côté alternatif pour avoir un facteur de puissance égale à l'unité et la régulation de la tension côté continu.

L'objectif de ce travail se résume ainsi: développement d'un modèle moyen dans le repère fixe (abc) et dans le repère tournant (dq).

Nous avons opté pour la commande MLI (Modulation à Largeur d'Impulsion), car les puissances mises en jeu sont importantes, ce qui nécessite un contrôle de la fréquence des commutations.

Nous avons étudié deux types des régulateurs afin de faire le contrôle de la boucle de courant et celle de la tension, ces régulateurs sont de type linéaire: PI sans compensation et régulateurs résonants.

Avec les régulateurs PI, nous nous somme basés sur la méthode de découplage entre les grandeurs actives et réactives.

La double transformation et l'existence d'un découplage entre les courants, active et réactive, fait que la régulation avec les régulateurs PI introduit un retard et demande une précision au niveau de calcul des références. Pour remédier à ce problème, nous avons choisi une autre solution qui consiste à transformer le régulateur dans le repère stationnaire au lieu de transformer les courants.

Les principaux objectifs fixés et prévus ont été atteints, des simulations ont été faites dans l'espace du logiciel MATLAB/Simulink, afin de valider les buts envisagés.

Sommaire

Introduction générale

De nos jours, l'électronique de puissance est basée sur l'usage des composants de type semi-conducteur. Ces composants sont des interrupteurs électroniques qui s'amorcent et se bloquent soit par une électrode de commande, soit spontanément en fonction des grandeurs électriques extérieures. Associés dans un convertisseur statique, ils permettent le contrôle du transfert de puissances pouvant dépasser le MW.

Par ailleurs, l'électronique de puissance est devenue de plus en plus présente. Nous ne nous limitons pas à connecter de simples machines sur le réseau. Les charges sont de plus en plus souvent alimentées à travers des convertisseurs statiques. Mais, l'usage de ces derniers ne s'arrête pas aux utilisateurs, car nous en trouvons également sur le réseau de distribution afin de gérer sa qualité et les transferts d'énergie. Il est donc très important de s'assurer de leur bon fonctionnement.

Dans ce présent travail, nous nous intéressons à l'étude des convertisseurs statiques de tension triphasés AC/DC, en effet, ces convertisseurs de tension sont généralement, réversibles en puissance. Dans l'hypothèse d'une commande MLI, le convertisseur se comporte, comme un amplificateur de puissance, ce qui permet de contrôler quasiment les courants et les tensions du côté alternatif.

Le présent travail peut être structuré comme suit:

ℵ **Le premier chapitre** présente les convertisseurs AC/DC, en traitant la modélisation des convertisseurs de tension triphasés, afin d'extraire un modèle moyen. En perturbant les équations trouvées, nous déduisons un modèle petit signal.

ℵ **Le second chapitre** commence par une description des méthodes de la commande des onduleurs basée sur l'utilisation de la MLI. Ensuite, on effectue une synthèse des régulateurs PI pour avoir un facteur de puissance proche de l'unité coté alternatif et une tension continue aux bornes de la capacité. Une validation des résultats à l'aide d'une simulation sous le logiciel MATLAB sera établie.

ℵ **Le troisième chapitre** a pour but de mettre en œuvre des régulateurs résonant, afin d'avoir les mêmes résultats que les régulateurs PI.

5

א **Le quatrième chapitre** traite le filtrage actif parallèle comme application de la commande de l'onduleur. La méthode utilisée pour l'identification des courants d'harmonique dans la charge, est la méthode sélective. Le but est d'injecter un courant de la même forme que celui des harmoniques mais de signe opposé et maintenir une tension continue constante aux bornes de la capacité.

Une conclusion générale résumera les parties de ce travail et présentera les perspectives de recherche associées.

Chapitre I

Modélisation des convertisseurs AC/DC

I.1 Introduction

Les onduleurs de tension constituent une fonction incontournable de l'électronique de puissance. Ils sont présents dans les domaines d'application les plus variés, dont le plus connu sans doute, c'est le variateur de vitesse des machines à courants alternatifs. Le rôle de ces convertisseurs est d'assurer la conversion alternative continue et vice versa. Mais, ils sont limités aux applications de faible et moyen puissance ; dans les applications de forte puissance (10 MVA, 6KV) la structure la plus adaptée est celle de trois niveaux.

L'objectif de cette partie, est de donner une relation entre les grandeurs de commande et les grandeurs électriques, de la partie alternative et continue.

I.2 Modèle moyen du convertisseur AC\DC

Pour modéliser un convertisseur, nous allons considérer un seul bras.

I.2.1 Structure générale:

La figure (Fig.I.1) présente un onduleur de tension triphasé. Il se compose de trois bras à interrupteurs réversibles en courant, commandés à la fermeture et à l'ouverture, réalisés à partir d'un transistor (GTO ou IGBT) et d'une diode en antiparallèle. Le stockage de l'énergie du côté continu se fait par l'intermédiaire d'un condensateur C_{dc} de tension Vdc. Le filtre de sortie est un filtre passif habituellement du premier ordre (L,R).

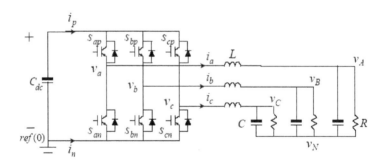

Fig. I.1 Onduleur de tension triphasé

Le raccordement de l'onduleur au réseau se fait à travers un filtre de nature inductive. Le plus simple est d'insérer une inductance, en série, par phase. Ce filtre a pour rôle d'atténuer les fluctuations de courant. Cependant, pour obtenir une meilleure atténuation la valeur de l'inductance doit être grande et par conséquence réduit la dynamique du système. De plus dans les systèmes de puissance élevée, cette solution devienne coûteuse. [WA.92]

Afin de choisir les valeurs des éléments du filtre, il est nécessaire de citer certains critères que doivent satisfaire ces valeurs:

- ℵ La valeur de la capacité du condensateur du filtre est limitée par la régression tolérable du facteur de puissance (généralement moins de 5%).

- ℵ La fréquence de résonance doit être située entre dix fois la fréquence du réseau et la moitié de la fréquence de commutation pour ne pas atténuer énormément le système.

- ℵ La résistance d'atténuation ne doit pas être, d'une part extrêmement petite pour éviter les oscillations et d'autre part très grande pour ne pas réduire le rendement.

La structure de l'onduleur donnée par la figure (Fig.I.1) ne permet pas la fermeture simultanée des semi-conducteurs d'un même bras sous peine de court-circuiter le condensateur de stockage. Par contre, ils peuvent être tous les deux ouverts, la continuité des courants est alors assurée par la mise en conduction d'une des diodes d'un même bras.

En pratique, nous commandons les deux semi-conducteurs d'un même bras de façon complémentaire : la conduction de l'un entraîne le blocage de l'autre. En réalité, le mode où les semi-conducteurs d'un même bras sont tous les deux fermés, n'existe que durant les commutations.

Afin d'éviter un court-circuit à cause du délai de blocage des interrupteurs, il faut insérer sur un même bras, un temps d'attente, également appelé *temps mort*, entre la commande de blocage d'un interrupteur et la commande d'amorçage de l'autre. Avec l'hypothèse des commutations instantanées, ce mode de fonctionnement ne sera pas pris en compte et par conséquent, aucun risque de court-circuiter le condensateur n'est à craindre.

I.2.2 Tension fournie par l'onduleur:

Le schéma suivant présente une cellule de commutation et ses états opérationnels de tension et courant. [ZH.00]

On peut assimiler une cellule de commutation à un interrupteur S.

S présente la fonction de commutation tel que :

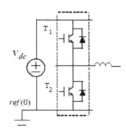

$$S = \begin{cases} 0, \ i = 0, \ \text{Interrupteur ouvert} \\ \\ 1, \ v = 0, \ \text{Interrupteur fermé} \end{cases}$$

Une branche de l'onduleur est constituée de deux éléments de commutation et de deux diodes en parallèle. Les éléments de commutation doivent pouvoir travailler en commutation forcée. Les possibilités de réalisation sont donc multiples et dépendent principalement de la puissance mise en jeu.

- Transistor bipolaire (<100kW)

- IGBT (<100kW)

- MOSFET (<20kW)

Les diodes en antiparallèles avec les éléments de commutation ne sont pas des éléments de protection. Elles servent à assurer la continuité du courant dans la charge inductive.

L'ouverture et la fermeture des interrupteurs d'un bras de l'onduleur de la Fig. I.2 dépendent de l'état des signaux de commande *(Si)*, comme défini ci-dessous :

$$S_i = \begin{cases} 1 \ T_1 \text{ fermé et } T_2 \text{ ouvert} \\ \\ 0 \ T_1 \text{ ouvert et } T_2 \text{ fermé} \end{cases}$$

Fig. I.2 Présentation d'une phase de l'onduleur

Pour simplifier l'étude, on supposera que:

• La commutation des interrupteurs est instantanée;

• La chute de tension aux bornes des interrupteurs est négligeable;

• La charge triphasée est équilibrée, couplée en étoile avec un neutre isolé.

$$\begin{aligned} i_a + i_b + i_c &= 0 \\ v_a + v_b + v_c &= 0 \end{aligned}$$ (I.1)

Les tensions simples s'écrivent en fonction des tensions composées u_{sab}, u_{sbc} et u_{sca} sous la forme suivante :

$$\begin{cases} V_a = \dfrac{1}{3}(u_{sab} - u_{sca}) \\[2mm] V_b = \dfrac{1}{3}(u_{sbc} - u_{sab}) \\[2mm] V_c = \dfrac{1}{3}(u_{sca} - u_{sbc}) \end{cases} \tag{I.2}$$

Avec: u_{sab}, u_{sbc}, u_{sca}, sont les tensions composés entre les phases (a, b, c)

La puissance active et réactive s'écrit sous la forme:

$$p = \mathrm{Re}(\underline{u}\,\underline{i}^*) = v_a i_a + v_b i_b + v_c i_c \tag{I.3}$$
$$q = \mathrm{Im}(\underline{u}\,\underline{i}^*) = -\frac{1}{\sqrt{3}}(u_{sbc} i_a + u_{sca} i_b + u_{sab} i_c)$$

Il existe huit combinaisons possibles pour commander les interrupteurs de l'onduleur (fig.I.3) dont six sont des séquences actives alimentant la charge. Celles-ci définissent six vecteurs de tensions à la sortie de l'onduleur : $n°=1,2,..6$. Les deux séquences restantes sont des séquences de roue libre et définissent deux vecteurs de tensions nuls 0 et 7. [XU.94]

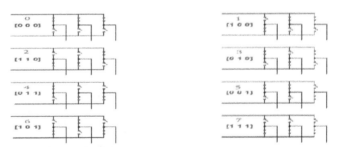

Fig. I.3 : Les huit états possibles des interrupteurs

I.2.3 Représentation vectorielle:

Dans le plan biphasé (α, β), en considérant Vf le vecteur correspondant aux tensions de l'onduleur, les huit cas possibles du vecteur Vf sont donnés par la Fig. I.4.

Nᵒ du cas	S_1	S_2	S_3	Va	Vb	Vc
0	0	0	0	0	0	0
1	0	0	1	$-V_{dc}/3$	$-V_{dc}/3$	$2V_{dc}/3$
2	0	1	0	$-V_{dc}/3$	$2V_{dc}/3$	$-V_{dc}/3$
3	0	1	1	$-2V_{dc}/3$	$V_{dc}/3$	$V_{dc}/3$
4	1	0	0	$2V_{dc}/3$	$-V_{dc}/3$	$-V_{dc}/3$
5	1	0	1	$V_{dc}/3$	$-2V_{dc}/3$	$V_{dc}/3$
6	1	1	0	$V_{dc}/3$	$V_{dc}/3$	$-2V_{dc}/3$
7	1	1	1	0	0	0

Tab. I.1 : Tensions générées par l'onduleur

Les six vecteurs non nuls de tension forment les axes d'un hexagone régulier et les deux vecteurs inactifs nuls coïncident avec l'origine.

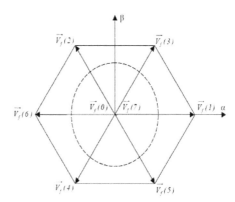

Fig. I.4 : Représentation vectorielle des tensions générées par l'onduleur

Où Vf représente la tension de référence que doit produire l'onduleur pour pouvoir créer les courants. Ceci signifie que l'onduleur n'est capable de fournir des tensions égales aux tensions de référence que si le vecteur formé par ces derniers reste à l'intérieur de l'hexagone montré dans la Fig. I.4 [AK.90], [XU.94].

I.2.4 Modèle moyen de l'onduleur de tension:

Les convertisseurs réalisent la fonction de conversion d'énergie. Le modèle moyen conserve cette fonction mais en supprimant la fonction interrupteur. Cela a pour effet de diminuer fortement les temps de simulation. Le principe de cette approche consiste à remplacer une partie du circuit par un circuit moyen.

Pour modéliser ce convertisseur, nous allons considérer un seul bras.

Les interrupteurs d'une phase doivent être commandés d'une façon complémentaire. Cette relation de complémentarité peut être décrite comme suite:

$$S_{\phi P} + S_{\phi N} = 1 \tag{I.4}$$

Par conséquence, la phase de l'onduleur peut être représentée par un seul pôle, comme il est présenté dans la figure (Fig.I.5).

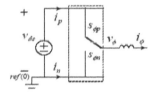

Fig. I.5 Représentation simplifié d'un bras de l'onduleur

L'allure de la tension V_ϕ et du courant I_ϕ est donnée par la figure (Fig.I.6), où T est la période et d_ϕ est le rapport cyclique.

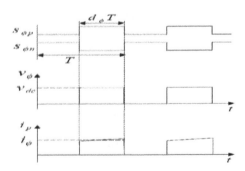

Fig. I.6 L'allure du courant et de la tension

13

La tension V_ϕ et le courant I_p sont donnés par la relation suivante :

$$V_\varphi = d_\varphi \cdot V_{dc} \qquad et \qquad I_p = d_\varphi \cdot I_\varphi \tag{I.5}$$

Après la modélisation d'une phase, le modèle triphasé de l'onduleur peut être obtenu par connexion de modèle de chaque phase. Le modèle moyen d'un onduleur de tension triphasé est donné par la figure (Fig.I.7), avec:

$$i_p = d_a \cdot i_a + d_b \cdot i_b + d_c \cdot i_c.$$
$$i_n = i_a + i_b + i_c - i_p = i_z - i_p. \tag{I.6}$$

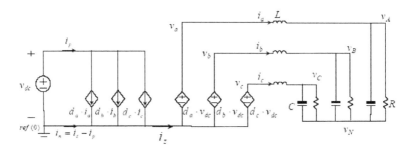

Fig. I.7 Modèle moyen d'un onduleur triphasé

Les équations caractéristiques dans le repère abc

1. Aux bornes de l'inductance

La tension aux bornes de l'inductance d'une phase (a) selon la figure (Fig.I.1) est donnée par :

$$L\frac{di_a}{dt} = V_a - V_A \tag{I.7}$$

D'après la relation (I.5), on a:

$$V_a = d_a V_{dc} \qquad et \qquad V_A = V_{AN} + V_N \tag{I.8}$$

Ainsi, la relation (I.7) peut être écrite sous la forme:

$$L\frac{di_a}{dt} = d_a V_{dc} - V_{AN} - V_N \tag{I.9}$$

Selon l'équation (I.9), l'équation différentielle des courants côté alternatif est donnée par:

$$\frac{d}{dt}\begin{bmatrix} i_a \\ i_b \\ i_c \end{bmatrix} = \frac{1}{L}\begin{bmatrix} d_a \\ d_b \\ d_c \end{bmatrix} \cdot v_{dc} - \frac{1}{L}\begin{bmatrix} v_{AN} \\ v_{BN} \\ v_{CN} \end{bmatrix} - \frac{1}{L}\begin{bmatrix} v_N \\ v_N \\ v_N \end{bmatrix}$$

(I.10)

Avec

$$\begin{bmatrix} v_{AN} \\ v_{BN} \\ v_{CN} \end{bmatrix} = \begin{bmatrix} V_m \cos(\omega t) \\ V_m \cos(\omega t - 2\pi/3) \\ V_m \cos(\omega t + 2\pi/3) \end{bmatrix}$$

(I.11)

2. Aux bornes de la capacité

Le courant aux bornes de la capacité d'une phase (a) est donné par :

(I.12)

$$i_{ca} = i_a - i_R$$

Avec: i_{ca} le courant aux bornes du capacité $\quad i_{ca} = C\dfrac{dV_{AN}}{dt}$

(I.13)

i_a Le courant de la phase

(I.14)

i_R le courant aux bornes de la résistance $\quad i_R = \dfrac{V_{AN}}{R}$

Ainsi $\qquad\qquad \dfrac{dV_{AN}}{dt} = \dfrac{1}{C}i_a - \dfrac{1}{RC}V_{AN}$

(I.15)

Selon l'équation (I.15), l'équation différentielle des tensions côté alternatif est donnée par:

$$\frac{d}{dt}\begin{bmatrix} v_{AN} \\ v_{BN} \\ v_{CN} \end{bmatrix} = \frac{1}{C}\begin{bmatrix} i_a \\ i_b \\ i_c \end{bmatrix} - \frac{1}{RC}\begin{bmatrix} v_{AN} \\ v_{BN} \\ v_{CN} \end{bmatrix}$$

(I.16)

<u>Les équations caractéristiques dans le repère dq0</u>

La transformée de Park est une opération mathématique, qui permet de passer d'un système triphasé d'axes décalés d'un angle électrique de 120°, en un système à trois axes orthogonaux.

$$X_{dqz} = T \cdot X_{abc}$$

$$T = \sqrt{\frac{2}{3}} \begin{bmatrix} \cos\omega t & \cos(\omega t - \frac{2\pi}{3}) & \cos(\omega t + \frac{2\pi}{3}) \\ -\sin\omega t & -\sin(\omega t - \frac{2\pi}{3}) & -\sin(\omega t + \frac{2\pi}{3}) \\ \frac{1}{\sqrt{2}} & \frac{1}{\sqrt{2}} & \frac{1}{\sqrt{2}} \end{bmatrix}$$ (I.7)

En effet, l'indice d présente l'axe direct, l'indice q l'axe en quadrature et l'indice 0 l'axe homopolaire. Le facteur 2/3 est présent dans ce type de transformée pour permettre de conserver les amplitudes des courants et tension, par contre, il faudra faire attention dans le calcul des puissances dont leurs valeurs ne sont plus conservés et qui vont nécessiter un facteur $\sqrt{\frac{2}{3}}$.

Dans le repère tournant dq, les grandeurs électriques sont continues. En appliquant la relation (I.17) aux relations (I.10) et (I.16), on obtient le modèle dans le repère tournant.

$$\frac{d}{dt}\begin{bmatrix} i_d \\ i_q \\ i_z \end{bmatrix} = \frac{1}{L}\begin{bmatrix} d_d \\ d_q \\ d_z \end{bmatrix} v_{dc} - \frac{1}{L}\begin{bmatrix} v_d \\ v_q \\ v_z \end{bmatrix} - \frac{1}{L}\begin{bmatrix} 0 \\ 0 \\ \sqrt{3}v_N \end{bmatrix} - \begin{bmatrix} 0 & -\omega & 0 \\ \omega & 0 & 0 \\ 0 & 0 & 0 \end{bmatrix} \cdot \begin{bmatrix} i_d \\ i_q \\ i_z \end{bmatrix}$$ (I.18)

$$\frac{d}{dt}\begin{bmatrix} v_d \\ v_q \\ v_z \end{bmatrix} = \frac{1}{C}\begin{bmatrix} i_d \\ i_q \\ i_z \end{bmatrix} - \frac{1}{RC}\begin{bmatrix} v_d \\ v_q \\ v_z \end{bmatrix} - \begin{bmatrix} 0 & -\omega & 0 \\ \omega & 0 & 0 \\ 0 & 0 & 0 \end{bmatrix}\begin{bmatrix} v_d \\ v_q \\ v_z \end{bmatrix}.$$ (I.19)

Avec $$\begin{bmatrix} i_d \\ i_q \\ i_z/\sqrt{3} \end{bmatrix} = T\begin{bmatrix} i_a \\ i_b \\ i_c \end{bmatrix} ; \begin{bmatrix} v_d \\ v_q \\ v_z/\sqrt{3} \end{bmatrix} = T\begin{bmatrix} v_{AN} \\ v_{BN} \\ v_{CN} \end{bmatrix} ; \begin{bmatrix} d_d \\ d_q \\ d_z/\sqrt{3} \end{bmatrix} = T\begin{bmatrix} d_a \\ d_b \\ d_c \end{bmatrix}$$ (I.20)

Et $\qquad\qquad v_z = v_{AN} + v_{BN} + v_{CN} \, , \, d_z = d_a + d_b + d_c$ (1.21)

Soit $i_z = 0$, donc le modèle dans la base dq est donné par les équations :

$$\frac{d}{dt}\begin{bmatrix} i_d \\ i_q \end{bmatrix} = \frac{1}{L}\begin{bmatrix} d_d \\ d_q \end{bmatrix} \cdot v_{dc} - \frac{1}{L}\begin{bmatrix} v_d \\ v_q \end{bmatrix} - \begin{bmatrix} 0 & -\omega \\ \omega & 0 \end{bmatrix}\begin{bmatrix} i_d \\ i_q \end{bmatrix}$$

$$\frac{d}{dt}\begin{bmatrix} v_d \\ v_q \end{bmatrix} = \frac{1}{C}\begin{bmatrix} i_d \\ i_q \end{bmatrix} - \frac{1}{RC}\begin{bmatrix} v_d \\ v_q \end{bmatrix} - \begin{bmatrix} 0 & -\omega \\ \omega & 0 \end{bmatrix}\begin{bmatrix} v_d \\ v_q \end{bmatrix}.$$

(1.22)

Le circuit équivalent est montré sur la figure (Fig.I.9). Le modèle est différent de celui donné dans la figure (Fig. I.7), mais les topologies sont identiques.

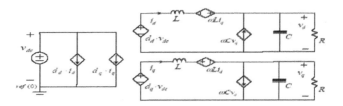

Fig. I.9 Le modèle moyen de l'onduleur de tension dans le repère tournant

I.2.5 Modèle moyen du redresseur à commutation forcé :

La réversibilité en courant de l'onduleur de tension autorise son fonctionnement en redresseur. Il s'agit alors d'alimenter une charge en continu à partir d'un réseau alternatif, la charge du redresseur est de type source de tension (charge résistive+condensateur).

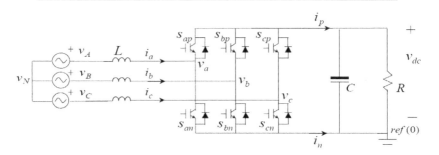

Fig. I.10 Redresseur à commutation forcé

Le modèle moyen d'un redresseur est donné par la figure (Fig.I.11).

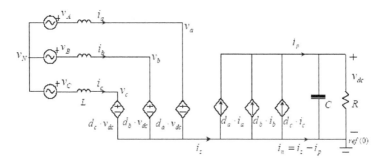

Fig. I.11 Modèle moyen d'un redresseur

Les équations caractéristiques dans le repère abc

1. Aux bornes de l'inductance

La tension aux bornes de l'inductance d'une phase (a) selon la figure (Fig.I.10) est

donnée par :

$$L\frac{di_a}{dt} = V_A - V_a \qquad (I.23)$$

D'après la relation (I.8), la relation (I.23) peut être écrite sous la forme:

$$L\frac{di_a}{dt} = V_{AN} + V_N - d_a V_{dc} \qquad (I.24)$$

18

Selon l'équation (I.9), l'équation différentielle des courants coté alternatif est donnée par:

$$\frac{d}{dt}\begin{bmatrix} i_a \\ i_b \\ i_c \end{bmatrix} = \frac{1}{L}\begin{bmatrix} v_{AN} \\ v_{BN} \\ v_{CN} \end{bmatrix} + \frac{1}{L}\begin{bmatrix} v_N \\ v_N \\ v_N \end{bmatrix} - \frac{1}{L}\begin{bmatrix} d_a \\ d_b \\ d_c \end{bmatrix} \cdot v_{dc}$$

(I.25)

Avec

$$\begin{bmatrix} v_{AN} \\ v_{BN} \\ v_{CN} \end{bmatrix} = \begin{bmatrix} V_m \cos(\omega t) \\ V_m \cos(\omega t - 2\pi/3) \\ V_m \cos(\omega t + 2\pi/3) \end{bmatrix}$$

(I.26)

2. Aux bornes de la capacité

Le courant aux bornes de la capacité d'une phase (a) est donné par :

(I.27)

$$i_{ca} = i_p - i_R$$

Avec: $i_p = d_a i_a + d_b i_b + d_c i_c$ et $i_R = \dfrac{v_{dc}}{R}$ et $i_{ca} = C\dfrac{dv_{dc}}{dt}$

(I.28)

D'après la relation (I.28), l'équation (I.27) peut être écrite sous la forme :

$$\frac{dv_{dc}}{dt} = \frac{1}{C}\begin{bmatrix} d_a & d_b & d_c \end{bmatrix} \cdot \begin{bmatrix} i_a \\ i_b \\ i_c \end{bmatrix} - \frac{v_{dc}}{RC}$$

(I.29)

Les équations caractéristiques dans le repère dq0

En appliquant la relation (I.17) aux relations (I.26) et (I.29), on obtient le modèle dans le repère tournant.

$$\frac{d}{dt}\begin{bmatrix} i_d \\ i_q \\ i_z \end{bmatrix} = \frac{1}{L}\begin{bmatrix} v_d \\ v_q \\ v_z \end{bmatrix} + \frac{1}{L}\begin{bmatrix} 0 \\ 0 \\ 3v_N \end{bmatrix} - \begin{bmatrix} 0 & -\omega & 0 \\ \omega & 0 & 0 \\ 0 & 0 & 0 \end{bmatrix}\begin{bmatrix} i_d \\ i_q \\ i_z \end{bmatrix} - \frac{1}{L}\begin{bmatrix} d_d \\ d_q \\ d_z \end{bmatrix} \cdot v_{dc},$$

(I.30)

$$\frac{dv_{dc}}{dt} = \frac{1}{C}\begin{bmatrix} d_d & d_q & d_z/3 \end{bmatrix} \cdot \begin{bmatrix} i_d \\ i_q \\ i_z \end{bmatrix} - \frac{v_{dc}}{RC}.$$

(I.31)

Soit $i_z = 0$, donc le modèle dans la base dq est donné par les équations :

$$\frac{d}{dt}\begin{bmatrix} i_d \\ i_q \end{bmatrix} = \frac{1}{L}\begin{bmatrix} v_d \\ v_q \end{bmatrix} - \begin{bmatrix} 0 & -\omega \\ \omega & 0 \end{bmatrix} \cdot \begin{bmatrix} i_d \\ i_q \end{bmatrix} - \frac{1}{L}\begin{bmatrix} d_d \\ d_q \end{bmatrix} \cdot v_{dc} \; . \tag{I.32}$$

$$\frac{dv_{dc}}{dt} = \frac{1}{C}\begin{bmatrix} d_d & d_q \end{bmatrix} \cdot \begin{bmatrix} i_d \\ i_q \end{bmatrix} - \frac{v_{dc}}{RC} \; . \tag{I.33}$$

Le circuit équivalent est montré sur la figure (fig. I.12).

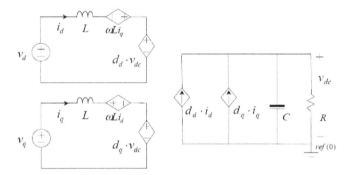

Fig. I.12 Le modèle moyen de redresseur dans le repère tournant

I.3 Modèle petits signaux du convertisseur AC\DC

I.3.1 Modèle petits signaux de l'onduleur de tension triphasé :

En régime permanent, on a :

$$D_d = \frac{V_d - \omega L\, I_q}{V_{dc}} \qquad D_q = \frac{V_q + \omega L\, I_d}{V_{dc}}$$

$$\tag{I.34}$$

$$I_d = \frac{V_d}{R} - \omega C V_q \qquad I_q = \frac{V_q}{R} + \omega C V_d$$

On considère que la source de tension DC est idéale : $\tilde{V}_{dc} = 0$ et on perturbe les équations écrites dans la base dq.

En perturbant les grandeurs électriques décrites dans les relations (I.22), le modèle petits signaux, s'écrit sous la forme :

$$\frac{d}{dt}\begin{bmatrix}\tilde{v}_d\\\tilde{v}_q\\\tilde{i}_d\\\tilde{i}_q\end{bmatrix}=\begin{bmatrix}-\dfrac{1}{RC}&\omega&\dfrac{1}{C}&0\\-\omega&-\dfrac{1}{RC}&0&\dfrac{1}{C}\\-\dfrac{1}{L}&0&0&\omega\\0&-\dfrac{1}{L}&-\omega&0\end{bmatrix}\begin{bmatrix}\tilde{v}_d\\\tilde{v}_q\\\tilde{i}_d\\\tilde{i}_q\end{bmatrix}+\begin{bmatrix}0&0\\0&0\\\dfrac{V_{dc}}{L}&0\\0&\dfrac{V_{dc}}{L}\end{bmatrix}\cdot\begin{bmatrix}\tilde{d}_d\\\tilde{d}_q\end{bmatrix}\qquad(1.35)$$

La figure (Fig. I.13) représente le modèle petits signaux de l'onduleur de tension triphasé.

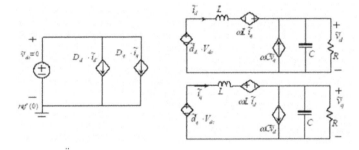

Fig. I.13 Le modèle petits signaux de l'onduleur de tension dans le repère tournant

I.3.2 Modèle petits signaux du redresseur à commutation forcée :

Le point d'équilibre est donné par :

$$V_d=\sqrt{\frac{3}{2}}\cdot V_m,\qquad V_q=0$$

$$I_d=\frac{V_{dc}}{R\cdot D_d}\qquad I_q=0\qquad(1.36)$$

$$D_d = \frac{V_d}{V_{dc}} \quad D_q = -\frac{\omega L\, I_d}{V_{dc}}$$

On considère que la source de tension est idéale :

$$\tilde{v}_d = \tilde{v}_q = 0$$

En perturbant les équations écrites dans la base dq (I.32) et (I.33), ainsi le modèle petit signaux du redresseur s'écrit sous la forme :

$$\frac{d}{dt}\begin{bmatrix} \tilde{v}_{dc} \\ \tilde{i}_d \\ \tilde{i}_q \end{bmatrix} = \begin{bmatrix} \dfrac{-1}{RC} & \dfrac{D_d}{C} & \dfrac{D_q}{C} \\ -\dfrac{D_d}{L} & 0 & \omega \\ -\dfrac{D_q}{L} & -\omega & 0 \end{bmatrix} \cdot \begin{bmatrix} \tilde{v}_{dc} \\ \tilde{i}_d \\ \tilde{i}_q \end{bmatrix} + \begin{bmatrix} \dfrac{I_d}{C} & \dfrac{I_q}{C} \\ -\dfrac{V_{dc}}{L} & 0 \\ 0 & -\dfrac{V_{dc}}{L} \end{bmatrix}\begin{bmatrix} \tilde{d}_d \\ \tilde{d}_q \end{bmatrix}. \qquad (1.37)$$

La figure (Fig. I.14) représente le modèle petits signaux du redresseur.

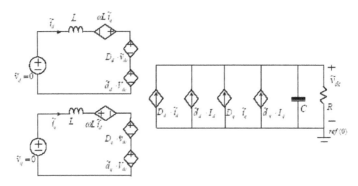

Fig. I.14 Le modèle petit signal de redresseur dans le repère tournant

22

I.4 Conclusion

Les convertisseurs AC/DC sont des dispositifs importants dans l'électronique de puissance. L'étude du comportement des systèmes et la synthèse des lois de commande nécessitent la construction de modèle adéquat.

Dans ce chapitre nous avons développé:

א Un modèle mathématique afin d'extraire un modèle moyen du convertisseur de tension triphasé AC/DC

א Un modèle petits signaux, en perturbant les équations électriques trouvées.

L'objectif de la modélisation était de trouver une relation entre les grandeurs de commande et les grandeurs électriques de la partie alternative et continue de l'onduleur dans le repère fixe (abc) et le repère tournant (dq).

Dans le chapitre II, nous allons faire la commande de ces convertisseurs, c'est-à-dire la régulation de la tension continue et du courant alternatif.

Chapitre II

Commande des convertisseurs AC/DC

II.1 Introduction

II.2 Commande des convertisseurs triphasés AC/DC

II.3 Résultats et simulations

II.4 Conclusion

II.1 Introduction

Dans ce chapitre, nous allons présenter la commande des convertisseurs AC/DC, en vu d'une régulation de la tension continue et d'une correction de facteur de puissance qui permet d'avoir un déphasage entre la tension et le courant d'une phase du réseau d'alimentation égal à l'unité.

Le contrôle des convertisseurs AC/DC se décompose de deux parties, celle du courant alternatif et celle de la tension continue. La commande comporte deux boucles de régulation, (fig. II.1).

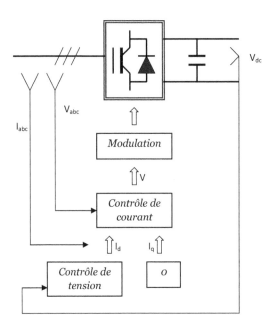

Fig. II.1 Principe de la commande des convertisseurs AC/DC

26

✘ La boucle interne permet le contrôle du courant alternatif, en valeur instantanée, pour imposer un courant sinusoïdal, en phase avec la tension.

✘ La boucle externe réalise la régulation de la tension du bus continu (V_{dc}). Elle est nécessaire pour limiter V_{dc}, à cause du caractère élévateur du montage. En outre, réguler V_{dc} revient à régler la puissance fournie à la charge, dans le cas de redressement.

II.2 Commande des convertisseur triphasé AC/DC

Afin de comprendre le principe de la commande dans le cas général, nous considérons le cas d'un redresseur triphasé à commutation forcée connecté au réseau, via la résistance R et l'inductance L , comme indiqué sur la fig. II.2. Pour le cas de conversion DC/AC (onduleur) c'est le même cas que le redresseur. [BI.03]

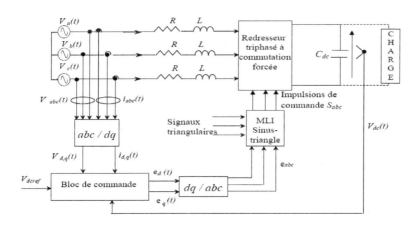

Fig. II.2 Schéma de commande en tension d'un redresseur à commutation forcée

Nous avons l'équation différentielle de courant suivante :

$$\frac{d}{dt}\begin{bmatrix} i_d \\ i_q \end{bmatrix} = \begin{bmatrix} \dfrac{-R}{L} & \omega \\ -\omega & \dfrac{-R}{L} \end{bmatrix} \begin{bmatrix} i_d \\ i_q \end{bmatrix} + \frac{1}{L}\begin{bmatrix} v_d - e_d \\ v_q - e_q \end{bmatrix} \qquad (\text{II.1})$$

II.2.1 commande de l'onduleur

Le but de la commande de l'onduleur est de permettre d'avoir un facteur de puissance égale à l'unité côté alternatif, à travers les ordres de commande appliqués aux drivers interrupteurs de puissance. Les deux principales familles de commande des convertisseurs statiques sont : [GH.03]

* *La commande par hystérésis,*
* *La commande par modulation de largeur d'impulsion (MLI).*
  * La commande par hystérésis

La commande par hystérésis, appelée aussi commande en tout ou rien, est une commande non linéaire qui utilise l'erreur existante entre le courant de référence et le courant produit par l'onduleur. L'erreur est comparée à un gabarit appelé bande d'hystérésis. Dès que l'erreur atteint la bande inférieure ou supérieure, un ordre de commande est envoyé de manière à rester à l'intérieur de la bande. La simplicité de la mise en oeuvre, comme elle la montre la figure (Fig. II.3), est le principal atout de cette technique. Cependant cette méthode est entachée de certains problèmes dont nous pouvons citer :

* la variation de la fréquence de commutation en fonction des variations de la charge. Les commutations évoluant librement à l'intérieur de la bande d'hystérésis, on ne peut maîtriser correctement le spectre haute fréquence dû aux fréquences de commutations. Cependant si la bande d'hystérésis peut varier d'une manière appropriée, la fréquence de commutation sous la commande en courant par hystérésis peut être constante. Dans cette méthode dite commande par hystérésis à bande modulée, les grandeurs du circuit sont mesurés pour déterminer la largeur de la bande afin que la fréquence de commutation reste quasi-constante.
* L'interaction du couplage entre phases. En effet, chaque commutation des interrupteurs correspondant à une phase agit directement sur les courants des autres phases.

Afin de résoudre ce problème de la maîtrise des fréquences de commutation et de sa répercussion sur les interrupteurs, une autre stratégie de commande peut être proposée à savoir la *commande par hystérésis modulée*. Mais dans cette stratégie de commande, il est difficile de définir la largeur de la bande de l'hystérésis. De plus, le fonctionnement avec une fréquence de commutation quasi fixe nous empêche de conserver l'avantage d'une rapidité illimitée obtenue par la commande par hystérésis.

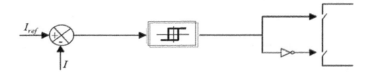

Fig. II.3 Principe de la commande en courant par hystérésis

❖ La commande par MLI

La modulation de largeur d'impulsion MLI (En anglo-saxon Pulse Width Modulation) consiste à adopter une fréquence de commutation supérieure à la fréquence des grandeurs de sortie d'une succession de créneaux de largeur convenable.

La méthode basée sur la MLI met en oeuvre d'abord un régulateur qui, à partir de l'écart entre le courant et sa référence, détermine la tension de référence de l'onduleur (modulatrice). Cette dernière est ensuite comparée avec un signal en dent de scie à fréquence élevée (porteuse). La sortie du comparateur fournit l'ordre de commande des interrupteurs. Le schéma de principe de cette méthode est donné sur la fig. II.4.

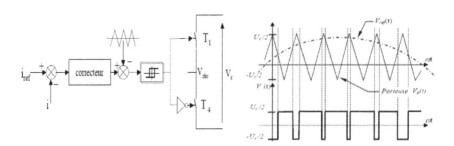

Fig. II.4 Principe de la commande en tension par MLI

II.2.2 Régulation du courant alternatif

L'objectif de la régulation du courant alternatif est de contrôler le courant côté alternatif, c'est-à-dire avoir un courant sinusoïdale et en phase avec la tension d'entrée. La mise au point d'un régulateur doit prendre en compte les critères suivants :

ℵ La bande passante du régulateur doit être assez large afin de ne pas introduire un retard important,

ℵ Le fonctionnement de la régulation ne doit pas être perturbé par les harmoniques dues aux découpages de l'onduleur. Ces harmoniques doivent être atténués à la sortie du régulateur.

D'après la relation (II.1), on constate qu'il y a un couplage entre les grandeurs de l'axe d et ceux de l'axe q. [LO.99]

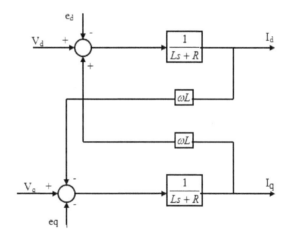

Fig. II.5 Couplage entre le courant actif et le courant réactif

On définit deux quantités U_d, U_q:

$$U_d = V_d - e_d + \omega L i_q$$

$$U_q = V_q - e_q - \omega L i_d$$

Alors le schéma bloc équivalent des composantes des courants selon l'axe d et l'axe q peut être représenté par la figure suivante:

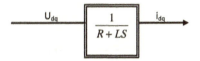

Soit i_d^{ref} et i_q^{ref} les courants de références suivant l'axe d et l'axe q:

Les composantes du courant de l'onduleur sont comparées avec ses références. Les écarts entre elles passent par les régulateurs PI, comme indiqué sur la figure (FigII.6). Le correcteur PI est le correcteur le plus classiquement utilisé pour la commande des systèmes continus. Il est composé de deux termes : un terme proportionnel K_P et un terme intégral K_I, sa fonction de transfert s'écrit sous la forme:

$$G_{PI} = K_P + \frac{K_I}{S}$$

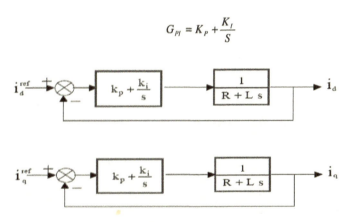

Fig. II.6 Schéma bloc de régulation PI

La fonction de transfert en boucle ouverte du régulateur PI associé à la fonction de transfert de courant est donnée par l'équation (II.2)

$$F_{BO} = (\frac{K_p}{R})\frac{1+Ts}{Ts(1+s\frac{L}{R})} \quad \text{avec} \quad T = \frac{K_p}{K_I} \qquad (\text{II.2})$$

La fonction de transfert en boucle fermée est donnée par l'équation (II.3)

$$F_{BF} = \frac{1+Ts}{\dfrac{L}{K_I}s^2 + Ts(\dfrac{R}{K_p}+1)+1} \tag{II.3}$$

Par identification avec un système de second ordre [TO.06]

$$F_{BF} = \frac{1+Ts}{1+\dfrac{2\xi}{\omega_n}s+\dfrac{1}{\omega_n^2}s^2} \tag{II.4}$$

Les paramètres du régulateur sont donnés par l'équation (II.5)

$$K_p = \sqrt{2}L\omega_n - R \qquad et \qquad K_I = L\omega_n^2 \tag{II.5}$$

La bande passante du régulateur est choisie typiquement:

$$\omega_n = \frac{\omega_{dec}}{10} \quad et \quad \xi = \frac{\sqrt{2}}{2} \tag{II.6}$$

Avec $\quad \omega_{dec} = 2\pi.f_{dec}$ et f_{dec} est la fréquence de la porteuse.

A partir des équations (II.1), les sorties des régulateurs donnent les composantes de la tension de référence (e_d et e_q) de la MLI dans le repère dq (II.6).

$$e_d = V_d - (K_p + \frac{K_I}{s})(i_d^{ref} - i_d) + \omega L i_q \tag{II.7}$$

$$e_q = V_q - (K_p + \frac{K_I}{s})(i_q^{ref} - i_q) - \omega L i_d$$

Le schéma suivant (Fig.II.7) présente les tensions de sortie e_d et e_q, après régulation et découplage.

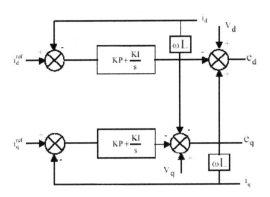

Fig. II.7 Schéma bloc de la régulation de courant

Avant de passer par la transformation inverse de Park, on normalise les deux tensions e_d et e_q à la tension de sortie V_{dc}, nous obtenons les références de la MLI pour l'onduleur.

II.2.1 Régulation de la tension continue

La tension moyenne Vdc aux bornes du condensateur doit être maintenue à une valeur fixe, à cause du caractère élévateur du redresseur. La régulation de la tension moyenne aux bornes du condensateur de stockage d'énergie doit se faire par l'adjonction des courants fondamentaux actifs dans les courants de référence.

Le régulateur employé ici est un régulateur PI de fonction de transfert:

$$R(p) = K_p + \frac{K_I}{p} \qquad (\text{II.8})$$

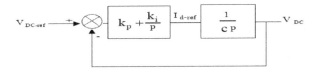

Fig. II.8 Régulation de la tension continue

La fonction de transfert en boucle ouvert du régulateur associé à la fonction de transfert côté continu :

$$F_{BO} = (K_p + \frac{K_I}{p})(\frac{1}{Cp})$$ (II.9)

La fonction de transfert en boucle fermée: $T_I = \frac{K_p}{K_I}$

$$F_{BF} = \frac{T_I p + 1}{\frac{C}{K_I} p^2 + T_I p + 1}$$ (II.10)

Par identification avec un système de second ordre (II.4), les paramètres du régulateur de tension sont donnée par:

$$K_p = \sqrt{2}C\omega_n \quad \text{et} \quad K_I = C\omega_n^2$$ (II.11)

La boucle de courant doit être plus rapide que la boucle de tension, c'est-à-dire la bande passante de la boucle de courant doit être plus grande (10 fois) que la boucle de tension. $\omega_n = \frac{\omega_{dec}}{100}$ (II.12)

II.3 Résultats et simulation

Les paramètres du réseau d'alimentation du convertisseur sont:

$V_{eff} = \frac{310}{\sqrt{2}}$ V ; f = 50Hz ; R = 0.3Ω ; L = 8mH ; f_{dec} = 5KHz ; C = 500μF.

Dans ce travail, nous avons utilisé la commande par MLI (fig.II.4).

La commande de convertisseur est réalisée en choisissant convenablement les deux courants de référence i_d^{ref} et i_q^{ref} .

Pour un fonctionnement à un facteur de puissance unitaire, la référence de la composante de courant suivant l'axe (q) i_q^{ref} est choisie égale à 0.

34

La composante de courant de référence suivant l'axe (d) i_d^{ref} dépend de la différence entre la tension continue de référence et celle mesurée. (Fig.II.8)

II.3.1 Régulation de tension continue

Les paramètres du régulateur de tension sont ajustés selon les résultats donnés dans l'équation (II.11): $K_p = 0.05\sqrt{2}\pi$ et $K_i = 5\pi^2$

La figure (Fig.II.9) montre la réponse temporelle à une entrée en échelon de position unitaire de la boucle de régulation de la tension continue avec et sans régulateur, (Annexe.I).

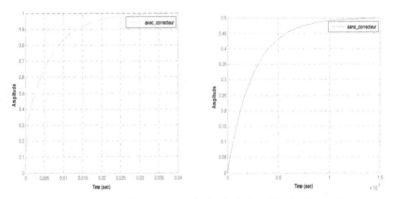

Fig. II.9 Réponse indicielle de la boucle de régulation de la tension continue

II.3.2 Régulation de courant alternatif

Les paramètres du régulateur de courant sont ajustés selon les résultats donnés dans l'équation (II.5): $K_p = 8\sqrt{2}\pi - 0.3$ et $K_i = 8\pi^2 10^3$

La figure (Fig.II.10) montre la réponse indicielle du système de régulation du courant alternatif, (Annexe.I).

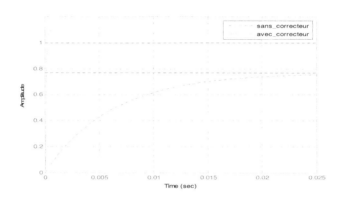

Fig. II.10 La réponse indicielle de la boucle de régulation du courant alternatif

D'après la figure (Fig.II.10), nous constatons que le système en boucle fermée avec régulateur, est plus stable et plus rapide que le système sans régulateur et permet d'atteindre la consigne.

II.3.3 Résultat de la commande du redresseur à commutation forcé

Le schéma suivant (fig.II.11) présente le schéma de commande du redresseur à commutation forcée.

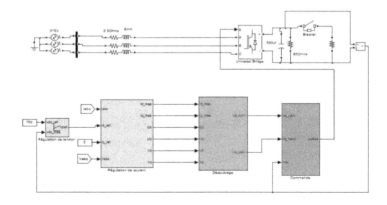

Fig. II.11 Schéma de commande du redresseur

36

La figure (fig.II.12) montre les résultats de simulation, de la régulation de la partie continue et la partie alternative.

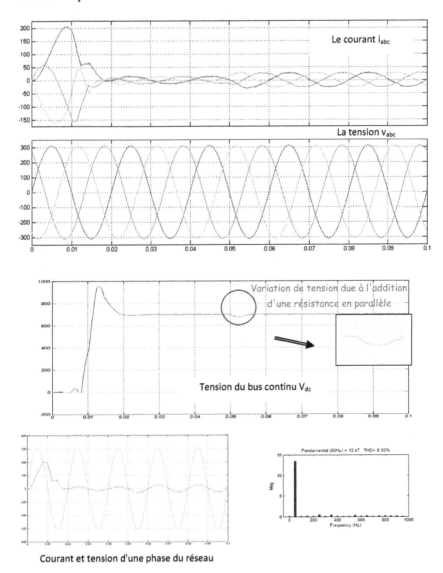

Courant et tension d'une phase du réseau

Fig. II.12 Résultats de simulation de la commande du redresseur

Nous remarquons que les tensions et les courants d'entrée sont en phase avec un THD=6.5%, cela valide le bon fonctionnement des régulateurs de courant. Grâce aux régulateurs de tension, la tension aux bornes du condensateur reste constante et suit la consigne (la tension de référence V_{dc_ref} =700V). A l'ajout d'une résistance en parallèle, nous constatons qu'il y a une variation au niveau de l'amplitude de courant, et une petite variation de tension qui s'établit vers 0.003s au niveau de la tension continue.

II.3.4 Résultat de la commande de l'onduleur de tension triphasé

Le schéma suivant (fig.II.13) présente le schéma de commande de l'onduleur de tension triphasé.

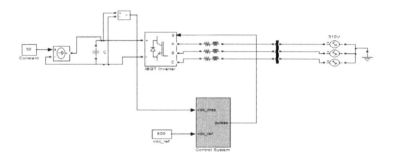

Fig. II.13 Schéma de commande de l'onduleur

La figure (fig.II.14) montre les résultats de simulation de la régulation de la partie continue et la partie alternative.

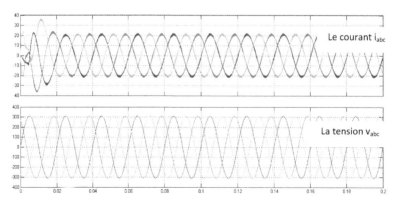

38

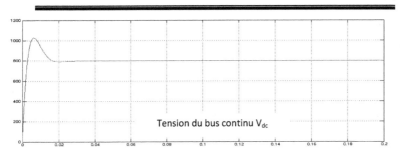

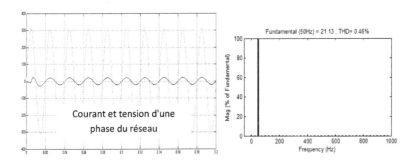

Fig. II.14 Résultats de simulation de l'onduleur

Nous remarquons que les courants de sortie sont sinusoïdaux avec un THD=0.46% et en phase avec les tensions du réseau, cela valide le bon fonctionnement des régulateurs de courant. Grâce aux régulateurs de tension, la tension aux bornes du condensateur reste constante et suit la consigne (la tension de référence V_{dc_ref} = 800V).

II.4 Conclusion

Dans ce chapitre nous avons développé une méthode de commande des convertisseurs AC/DC, qui se base sur le découplage entre les grandeurs actives et réactives, afin d'avoir une tension continue côté capacité et un courant sinusoïdal et en phase avec la tension côté réseau. Nous avons choisi le régulateur "PI sans compensation de pôle" pour la régulation de courant alternatif et de tension continue, comme méthode de contrôle du convertisseur nous avons utilisé la MLI triangulaire. Enfin, nous avons fait une simulation sous le logiciel MATLAB, afin de valider les résultats trouvés des paramètres des régulateurs.

Comme nous avons pu le constater, Les régulateurs PI ne sont applicables que sur les systèmes continue, donc pour faire la régulation, on est amené à travailler dans le repère tournant, c'est-à-dire des calculs lourds. Afin de remédier à ce problème, nous avons pensé de transformer le régulateur PI dans le repère tournant au lieu de transformer les courants et les tensions, ce travail fera l'objet du chapitre III.

Chapitre III

Régulateurs résonants

III.1 Introduction

Le réglage de courant est important pour les convertisseurs électriques, l'objectif de cette commande est d'obtenir un courant qui suit le plus fidèlement possible sa consigne (pas forcement sinusoïdale) avec un retard et une erreur les plus faibles possibles, et avec une dynamique suffisamment élevée.

Comme nous l'avons déjà vue dans le chapitre précèdent, afin d'avoir ces performances, on aura recours à l'utilisation des régulateurs. Il existe plusieurs types des correcteurs de courant de qualité de correction et degré de complexité très divers. Le choix du type de correcteur dépend des caractéristiques de l'application.

III.2 Correcteurs linéaires

Un régulateur linéaire de courant est une fonction de transfert linéaire avec l'erreur de courant comme entrée et une tension analogique comme sortie. Cette tension est proportionnelle à la valeur moyenne de la tension de sortie du convertisseur. Elle alimente un modulateur qui permet de générer un signal, modulé en largeur d'impulsion, approprié pour la commutation des interrupteurs de puissance (fig.III.1)

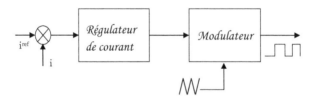

Fig. III.1 Principe de la régulation linéaire

On peut distinguer deux types de régulateurs linéaire (Tab.III.1)

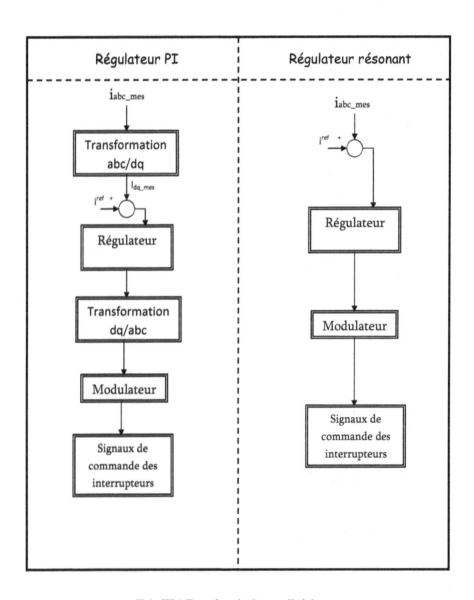

Tab. III.1 Type des régulateurs linéaires

III.2.1 Régulateur proportionnel intégral

Comme il est déjà vu dans le chapitre II, la fonction de transfert du régulateur PI est

sous la forme: $$G(s) = Kp + \frac{Ki}{s}$$ (III.1)

Ce type de régulateur n'est pas bien adapté dans le cas des grandeurs alternatives. En effet, il ne permet pas d'annuler l'erreur statique. On pourrait augmenter le gain pour minimiser cette erreur mais d'autres problèmes surgissent. Le système peut se saturer du fait que la tension V_{DC} est limitée et par la suite il est incapable de générer la tension nécessaire aux bornes de l'inductance pour faire face à l'erreur de courant. De plus, l'augmentation du gain conduit à l'augmentation de la bande passante ce qui peut agir négativement sur la stabilité du système.

Il existe, cependant, des solutions pour l'adapter à ce type de signaux.

ℵ Les courants du système triphasé sont exprimés à l'aide de la transformée de Park, dans un repère tournant à la pulsation fondamentale du système et dans le même sens que le phaseur de courant. Ainsi, les courants sont continus dans ce repère et afin d'annuler l'erreur statique, un régulateur PI fera l'affaire (fig.III.2). Cette méthode, même qu'elle est efficace, souffre de certaines complexités. En effet, en plus de la double transformation qui peut introduire un retard, le calcul des courants de références doit être effectué avec une grande précision. D'un autre côté, il existe un couplage entre les courants, actif et réactif.

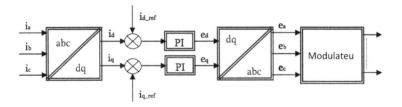

Fig. III.2 Régulateur PI dans le repère tournant

א Pour contourner les problèmes évoqués ci-dessus, une autre solution qui consiste à transformer le régulateur dans le repère stationnaire au lieu de transformer les courants. Cette méthode consiste à calculer le régulateur équivalent dans le repère fixe d'un régulateur PI appliquée dans le repère tournant. Nous nous contentons de développer ci-dessous ce régulateur.

III.2.2 Régulateur résonant

Ce régulateur n'était pas reconnu dans les applications d'électronique de puissance, il était utilisé dans la théorie de commande. Sa stratégie de conception consiste à transformer un régulateur modélisé dans un système continu en un régulateur modélisé dans un système alternatif équivalent, qui aura la même réponse fréquentielle et la même bande passante, [ZM.99] et [NE.02]

Considérons deux régulateurs équivalents, l'un opère sur des signaux continus l'autre sur des signaux alternatifs. Supposons que la bande passante du signal de référence est inférieure à la fréquence fondamentale. Les fonctions de transfert sont donnée par :

$$V_{DC}(s) = E_{DC}(s)H_{DC}(s)$$
$$V_{AC}(s) = E_{AC}(s)H_{AC}(s)$$

(III.2)

Dans le domaine temporel, ces équations deviennent :

$$v_{DC}(t) = e_{DC}(t) \otimes h_{DC}(t)$$
$$v_{AC}(t) = e_{AC}(t) \otimes h_{AC}(t)$$

(III.3)

Avec ⊗ désigne le produit de convolution.

La relation entre les quantités continue et alternatives s'écrit :

$$v_{AC}(t) = v_{DC}(t)\cos(\omega t)$$
$$v_{DC}(t) = 2v_{AC}(t)\cos(\omega t)$$

(III.4)

Le facteur 2 est introduit ci-dessus pour maintenir l'énergie de la portion continue du signal après le processus de démodulation.

D'après les équations (III.3) et (III.4) on obtient :

$$
\begin{aligned}
v_{AC}(t) &= \left[e_{DC}(t) \otimes h_{DC}(t) \right] \cos(\omega t) \\
&= 2 \left\{ \left[e_{AC}(t) \cos(\omega t) \right] \otimes h_{DC}(t) \right\} \cos(\omega t)
\end{aligned}
\tag{III.5}
$$

Nous appliquons la transformée de Laplace à l'équation (III.5) et en utilisant le théorème de convolution on obtient :

$$
\begin{aligned}
V_{AC}(s) &= 2 \left[H_{DC}(s) L\{ e_{AC}(t) \cos(\omega t) \} \right] \otimes \frac{s}{s^2 + \omega^2} \\
&= \left[H_{DC}(s + j\omega) E_{AC}(s) + H_{DC}(s + j\omega) E_{AC}(s) \right] \otimes \frac{s}{s^2 + \omega^2}
\end{aligned}
\tag{III.6}
$$

$$
\begin{aligned}
V_{AC}(s) &= H_{DC}(s + j\omega) E_{AC}(s + 2j\omega) + H_{DC}(s - j\omega) E_{AC}(s) \\
&\quad + H_{DC}(s + j\omega) E_{AC}(s) + H_{DC}(s - j\omega) E_{AC}(s - 2j\omega)
\end{aligned}
\tag{III.7}
$$

La supposition faite ci-dessus conduit à :

$$
E_{AC}(s + 2j\omega) = E_{AC}(s - 2j\omega) = 0
\tag{III.8}
$$

D'où,

$$
H_{AC}(s) = \frac{H_{DC}(s + j\omega) + H_{DC}(s - j\omega)}{2}
\tag{III.9}
$$

La fonction de transfert du régulateur équivalent dans le système alternatif, s'écrit sous la forme:

$$
G_{AV}(s) = G_{DC} \left(\frac{s^2 + \omega^2}{2s} \right)
\tag{III.10}
$$

Dans le cas où $G_{DC}(s)$ est un régulateur proportionnel intégral dont la fonction de transfert est donnée par (III.1), (III.10) devient:

$$
G_{AV}(s) = K_p + \frac{2K_i s}{s^2 + \omega^2}
\tag{III.11}
$$

La réponse fréquentielle de ce régulateur est donnée par la figure (fig.III.3). Il a une fréquence de résonance avec un facteur de qualité infini et une bande autour de la fréquence de résonance strictement étroite. Cependant, des mesures d'ordre pratique conduisent à introduire certaines modifications sur l'équation (III.11). En effet:

✗ Un facteur de qualité infini n'est pas réalisable pratiquement.

✗ Le régulateur résonant permet de compenser, à sa fréquence de résonance, des fluctuations qui ne permettent pas une bonne régulation avec une bande passante nulle autour de la fréquence de résonance.

De ce fait, nous nous basons sur un régulateur continu suivant :

$$G(s) = Kp + \frac{Ki}{s + \omega_c} \qquad\qquad (\text{III.12})$$

Le régulateur équivalent devient ainsi:

$$G_{AC}(s) = K_p + \frac{K_i.2\omega_c s}{s^2 + \omega_c s + \omega^2} \qquad\qquad (\text{III.13})$$

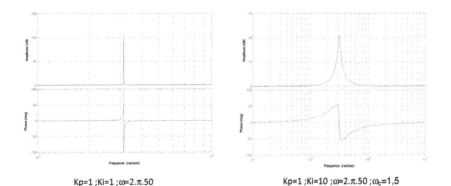

Kp=1 ;Ki=1 ;ω=2.π.50   Kp=1 ;Ki=10 ;ω=2.π.50 ;ω_c=1,5

La réponse fréquentielle est donnée par la figure (fig.III.3.b).

Fig. III.3 Régulateur résonant dans le repère tournant

La figure (fig.III.3) montre l'effet de trois types de régulateurs, proportionnel K_p, proportionnel résonant donné par l'équation (III.11), proportionnel résonant donné par l'équation (III.13) sur un système du premier ordre. Nous constatons que le régulateur résonant ne modifie par la bande passante et agit très légèrement sur la marge de phase.

Ainsi le régulateur résonant effectue la compensation avec un gain élevé à la fréquence de référence sans modifier la dynamique et la stabilité du système. Il en découle que la conception du régulateur commence par le choix du gain proportionnel qui définit la bande passante et la marge de phase. Le régulateur résonant est ajouté dans une seconde étape, la fréquence de résonance doit être loin en dessous de la fréquence de coupure, pour ne pas modifier la bande, et de la fréquence de transition pour ne pas altérer la stabilité. En effet, des variations peuvent toucher les paramètres du système et conduisent par la suite à agir négativement sur la stabilité et la dynamique.

Le gain K_i doit être le plus large possible pour éliminer l'erreur statique comme pour un régulateur traditionnel et aussi pour élargir, relativement, la bande de fréquence autour de la fréquence de résonance afin de tenir compte des variations de la fréquence du réseau.

III.3 Correcteurs résonant

III.3.1 Schéma de principe

Le schéma de principe est représenté par la figure (fig.III.4), il s'agit de la commande directe avec un correcteur résonant. [LE.04]

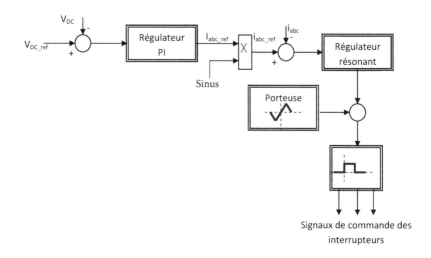

Fig. III.4 Schéma de principe de la régulation directe

48

III.3.2 Principe du correcteur résonant

La figure (fig.III.4) montre un contrôle en boucle fermé classique, dans lequel on retrouve la fonction de transfert du système à corriger H(s) en série avec le régulateur R(s).

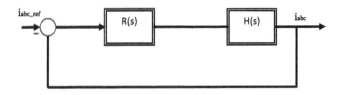

Fig. III.5 Contrôle en boucle fermée

La transmittance du régulateur résonant s'écrit sous la forme:

$$R(s) = \frac{N(s)}{D(s)(\omega^2 + s^2)} \qquad (\text{III}.14)$$

Avec:

$$N(s) = k_p s^2 + 2sk_i + k_p \omega^2 \qquad D(s) = 1 \qquad (\text{III}.15)$$

Le calcul des paramètres kp et ki est donné dans le chapitre II, relation (II.5) et (II.6).

III.4 Résultat et simulation

Les paramètres du réseau d'alimentation du convertisseur sont:

$$V_{eff} = \frac{310}{\sqrt{2}} \text{ V } ; f = 50\text{Hz} ; R = 0.3\Omega ; L = 8\text{mH} ; f_{dec} = 5\text{KHz} ; C = 500\mu\text{F}.$$

Dans ce travail, on a utilisé la commande par MLI (fig.II.4).

Les paramètres du régulateur de tension sont ajustés selon les résultats donnés dans l'équation (II.11): $K_p = 0.05\sqrt{2}\pi$ et $K_i = 5\pi^2$

Les paramètres du régulateur résonant de courant sont ajustés selon les résultats donnés dans l'équation (II.5): $\qquad K_p = 8\sqrt{2}\pi - 0.3 \quad$ et $\quad K_I = 8\pi^2 10^3$

Fig.III.6 montre la comparaison entre la réponse indicielle de la boucle de régulation de courant avec un régulateur PI et la réponse avec un régulateur résonant.

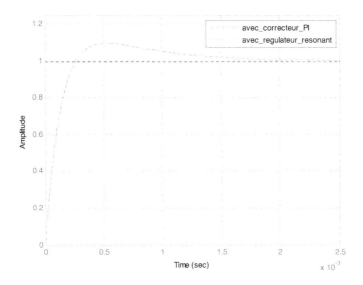

Fig. III.6 La réponse indicielle de la boucle de régulation du courant alternatif

D'après la figure (Fig.III.6), on voit que les deux régulateurs ont la même réponse indicielle.

III.4.1 Résultat de la commande du redresseur à commutation forcée

Le schéma suivant (Fig.III.7) présente le schéma de commande du redresseur à commutation forcée.

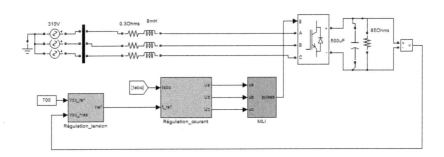

Fig. III.7 Schéma de commande du redresseur avec un régulateur résonant pour la boucle de courant

La figure (Fig.III.8) montre les résultats de simulation de la régulation de la partie continue et la partie alternative.

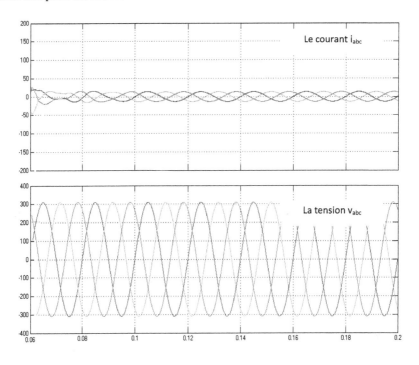

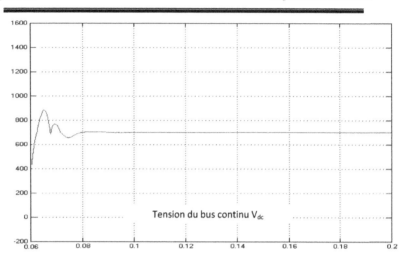

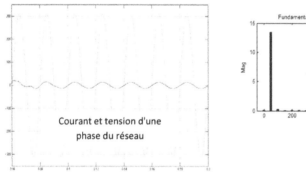
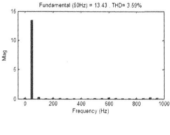

Fig. III.8 Résultats de simulation du redresseur à commutation forcé

D'après les résultats de simulation, nous constatons que la commande avec le régulateur résonant donne les mêmes résultats désirés que la commande avec le régulateur PI, mais avec un THD=3.59% meilleur que celui donné par les PI, et une différence au niveau de temps de réponse.

III.4.2 Résultat de la commande de l'onduleur de tension

Le schéma suivant (fig.III.9) présente le schéma de commande l'onduleur de tension.

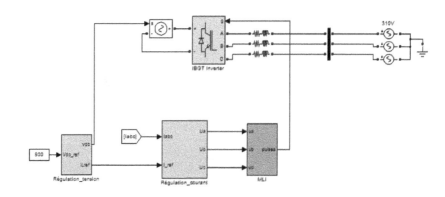

Fig. III.9 Schéma de commande l'onduleur avec un régulateur résonant pour la boucle de courant

La figure (Fig.III.10) montre les résultats de simulation de la régulation de la partie continue et la partie alternative.

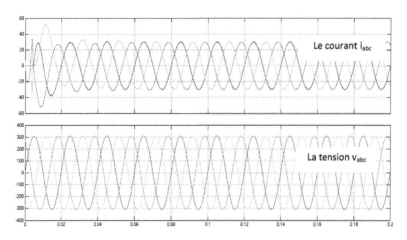

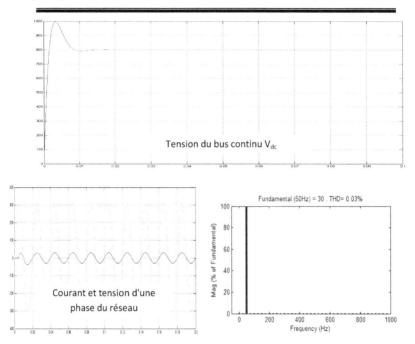

Fig. III.10 Résultats de simulation de l'onduleur

D'après les résultats de simulation, nous constatons que la commande avec le régulateur résonant donne des résultats plus précis que la commande avec le régulateur PI, avec un THD=0.03% inférieur à celui donné avec le correcteur PI, aussi nous constatons une différence au niveau due temps de réponse .

III.5 Conclusion

Dans ce chapitre nous avons d'abord fait une comparaison entre le régulateur PI et régulateur résonant, ensuite nous avons utilisé ce régulateur afin de commander les convertisseurs AC/DC. Enfin, nous avons utilisé le logiciel MATLAB afin de valider les résultats.

Nous remarquons que:

א Les résultats obtenus par simulations ont validé d'une manière générale le but de la commande ainsi que les calculs théoriques des coefficients de leurs régulateurs.

א Les régulateurs résonants sont plus précis que les régulateurs PI, cela revient du fait que la commande avec les régulateurs PI demande beaucoup de calcul.

Chapitre IV

Filtre actif

IV.1 Introduction

Dans ce chapitre nous allons faire une application qui se base sur la commande de l'onduleur.

Les filtres actifs constituent une alternative intéressante aux solutions classiques de compensation des perturbations du réseau électrique. Le rôle d'un filtre actif est de compenser en temps réel les perturbations, en tout ou en partie, présentes dans les réseaux électriques. Il y a plusieurs structures du filtre actif. Dans cette partie, on va introduire les filtres actifs parallèles.

IV.2 Filtre actif parallèle

Le filtre actif connecté en parallèle sur le réseau, comme le montre la Fig. IV.1, est le plus souvent commandé comme un générateur de courant. Il injecte dans le réseau des courants perturbateurs égaux à ceux absorbés par la charge polluante, mais en opposition de phase avec ceux-ci. Le courant côté réseau est alors sinusoïdal. Ainsi l'objectif du *filtre actif parallèle* (*F.A.P*) consiste à empêcher les courants perturbateurs (harmoniques, réactifs et déséquilibrés), produits par des charges polluantes, de circuler à travers l'impédance du réseau située en amont du point de connexion du filtre actif. [OL.02]

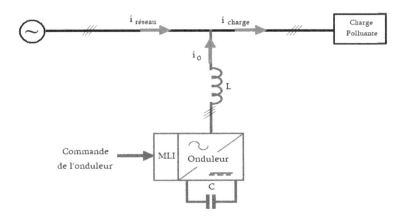

Fig. IV.1 Filtre actif parallèle

IV.2.1 Structure général

La Fig. IV.2 donne la structure générale du *filtre actif parallèle*, laquelle se présente sous la forme de deux blocs : la *partie puissance* et la *partie contrôle commande*. [GH.03]

La partie puissance est constituée :

✕ *D'un onduleur de tension à base d'interrupteurs de puissance, commandables à l'amorçage et au blocage (GTO, IGBT, ...etc.) avec des diodes en antiparallèle,*

✕ *D'un circuit de stockage d'énergie, souvent capacitif,*

✕ *D'un filtre de sortie.*

Quant à La partie contrôle commande est constituée :

✕ *De la méthode d'identification des courants perturbés.*

✕ *De la régulation de la tension continue appliquée aux éléments de stockage d'énergie.*

✕ *De la régulation du courant injecté sur le réseau à partir de l'onduleur de tension,*

✕ *De la commande de l'onduleur de tension.*

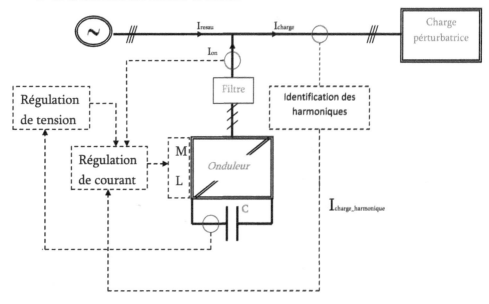

Fig. IV.2 Structure générale du filtre actif parallèle

La qualité de compensation des harmoniques dépend fortement des performances de la méthode d'identification choisie. Pour cette raison, de nombreuses méthodes d'identification ont été développées.

La stratégie de commande se base sur la détection des courants perturbateurs dans le domaine temporel. Trois possibilités d'identification de ce type de courants :

✓ *Identification à partir de la détection du courant de la charge polluante,*

✓ *Identification à partir de la détection du courant de la source,*

✓ *Identification à partir de la détection de la tension de la source.*

La méthode utilisée dans ce projet, c'est la première méthode. En effet la référence de courant de la boucle de régulation de courant est obtenue en faisant la somme du courant obtenu par la régulation de tension et les composantes harmoniques du courant de la charge.

IV.2.2 Méthodes d'identification des harmoniques

Dans ce paragraphe, nous étudions les principales méthodes d'identification temps réel basées sur le filtrage des signaux. Le principe de ce type de méthodes est la séparation du fondamental des harmoniques par filtrage. Les méthodes d'identification qui seront développées se sont:

       א Méthodes des puissances réelles et imaginaires instantanées.

       א Méthodes sélectives.

Méthodes des puissances réelles et imaginaires instantanées

Dans cette partie nous allons étudier la méthode d'identification basée sur les puissances instantanées proposée par AKAGI [AK.84]. Notons respectivement les tensions simples et les courants de ligne d'un système triphasé sans composante homopolaire par (V_a, V_b, V_c) et (I_a, I_b, I_c). (Annexe. II) [KO.06]

$$\begin{bmatrix} V_\alpha \\ V_\beta \end{bmatrix} = \sqrt{\frac{2}{3}} \begin{bmatrix} 1 & -\frac{1}{2} & -\frac{1}{2} \\ 0 & \frac{\sqrt{3}}{2} & -\frac{\sqrt{3}}{2} \end{bmatrix} \begin{bmatrix} V_a \\ V_b \\ V_c \end{bmatrix} \qquad \begin{bmatrix} I_\alpha \\ I_\beta \end{bmatrix} = \sqrt{\frac{2}{3}} \begin{bmatrix} 1 & -\frac{1}{2} & -\frac{1}{2} \\ 0 & \frac{\sqrt{3}}{2} & -\frac{\sqrt{3}}{2} \end{bmatrix} \begin{bmatrix} I_a \\ I_b \\ I_c \end{bmatrix} \qquad \text{(IV.1)}$$

Les puissances réelle et imaginaire instantanées dans la base (a,b,c), notées respectivement P et Q, sont définies par la relation (IV.2)

$$P = V_a I_a + V_b I_b + V_c I_c$$

(IV.2)

$$Q = \frac{1}{\sqrt{3}} ((V_c - V_b) I_a + (V_a - V_c) I_b + (V_b - V_a) I_c)$$

Dans la base $(\alpha, \beta, 0)$, les puissances instantanées sont données par la matrice (IV.3)

$$\begin{bmatrix} P \\ Q \end{bmatrix} = \begin{bmatrix} V_\alpha & V_\beta \\ -V_\beta & V_\beta \end{bmatrix} \begin{bmatrix} I_\alpha \\ I_\beta \end{bmatrix}$$

(IV.3)

Dans le cas général, chacune des puissances p et q comporte une partie continue et une partie alternative, ce qui nous permet d'écrire l'expression ci-dessous :

$$\begin{cases} P = \overline{P} + \tilde{P} \\ Q = \overline{Q} + \tilde{Q} \end{cases}$$

(IV.4)

✓ P est une puissance continue liée à la composante fondamentale active du courant et de la tension.

✓ Q est une puissance continue liée à la composante fondamentale réactive du courant et de la tension.

✓ $\tilde{P}$ et $\tilde{Q}$ sont des puissances alternatives liées à la somme des composantes perturbatrices du courant et de la tension.

Afin d'extraire la composante alternative des puissances, un filtre passe-bas avec un soustracteur dans l'espace des puissances permet de séparer la composante fondamentale (autrement dit la partie continue), des composantes harmoniques (fig.IV.3).

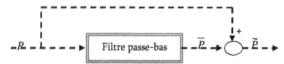

Fig. IV.3 Principe de séparation des composantes de courant

D'après la relation (IV.3), l'expression des courants dans le repère $(\alpha, \beta, 0)$ est donnée dans la relation (IV.5).

$$\begin{bmatrix} I_\alpha \\ I_\beta \end{bmatrix} = \frac{1}{V_\alpha^2 + V_\beta^2} \begin{bmatrix} V_\alpha & -V_\beta \\ V_\beta & V_\alpha \end{bmatrix} \begin{bmatrix} P \\ Q \end{bmatrix} \tag{IV.5}$$

Ainsi d'après les relations (IV.4) et (IV.5), le courant peut être décomposé en trois composantes, active, réactive, et composante d'harmonique, selon la relation (IV.6).

$$\begin{bmatrix} I_\alpha \\ I_\beta \end{bmatrix} = \frac{1}{V_\alpha^2 + V_\beta^2} \begin{bmatrix} V_\alpha & -V_\beta \\ V_\beta & V_\alpha \end{bmatrix} \begin{bmatrix} \overline{P} \\ 0 \end{bmatrix} + \frac{1}{V_\alpha^2 + V_\beta^2} \begin{bmatrix} V_\alpha & -V_\beta \\ V_\beta & V_\alpha \end{bmatrix} \begin{bmatrix} 0 \\ \overline{Q} \end{bmatrix} + \frac{1}{V_\alpha^2 + V_\beta^2} \begin{bmatrix} V_\alpha & -V_\beta \\ V_\beta & V_\alpha \end{bmatrix} \begin{bmatrix} \widetilde{P} \\ \widetilde{Q} \end{bmatrix} \tag{IV.6}$$

D'après la relation (IV.6), la relation qui permet d'identifier les courants perturbateurs dans le repère $(\alpha,\beta,0)$ est donnée par l'équation (IV.7).

$$\begin{bmatrix} I_{\alpha\_h} \\ I_{\beta\_h} \end{bmatrix} = \frac{1}{V_\alpha^2 + V_\beta^2} \begin{bmatrix} V_\alpha & -V_\beta \\ V_\beta & V_\alpha \end{bmatrix} \begin{bmatrix} \widetilde{P} \\ \widetilde{Q} \end{bmatrix} \tag{IV.7}$$

Les courants triphasés sont obtenus à partir des courants biphasés i_α et i_β par la transformation inverse de Concordia :

$$\begin{bmatrix} I_{a\_h} \\ I_{b\_h} \\ I_{c\_h} \end{bmatrix} = \sqrt{\frac{2}{3}} \begin{bmatrix} 1 & 0 \\ -\frac{1}{2} & -\frac{\sqrt{3}}{2} \\ -\frac{1}{2} & -\frac{\sqrt{3}}{2} \end{bmatrix} \begin{bmatrix} I_{\alpha\_h} \\ I_{\beta\_h} \end{bmatrix} \tag{IV.8}$$

Avec I_{α_h}, I_{β_h} courants perturbateurs calculés dans le repère $(\alpha,\beta,0)$ à partir des courants réactifs et harmoniques de la relation (IV.6).

La figure (Fig.IV.4) illustre la méthode d'identification des courants d'harmoniques.

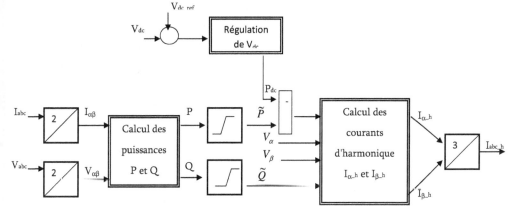

Fig. IV.4 Schéma de principe de la méthode des puissances réelles et imaginaires

Méthodes sélectives

Ce type de compensation est adapté aux cas où l'objectif est de supprimer certaines composantes harmoniques gênantes. La technique d'identification, des courants harmoniques, basé sur les puissances instantanées permet d'extraire individuellement les harmoniques du courant. Cette opération permet de séparer cette composante des autres puissances alternatives par filtrage. Les transformations de Concordia et de Park sont appliquées pour chaque rang d'harmonique. Les calculs sont très lourds et leur exécution en temps réel n'est pas toujours évidente.

Les harmoniques gênants sont le $5^{\text{éme}}$, $7^{\text{éme}}$, $11^{\text{éme}}$, $13^{\text{éme}}$ ..., afin de compenser que ces harmoniques, nous aurons recours à l'utilisation de la méthode sélective qui se base sur les régulateurs résonants.

Le filtre résonant [OT.03], avec un terme proportionnel et un terme intégrateur, présente une structure analogue à celle du PI classique (Chapitre III). Le terme intégrateur contient un pôle résonant pour provoquer un gain théoriquement infini à la fréquence d'intégration. La structure du correcteur sera alors :

$$G = k_{ph} + \frac{2s\,k_{ih}}{s^2 + \omega^2} \qquad\qquad \text{(IV.9)}$$

Le principe de régulateur c'est qu'il est capable d'éliminer l'erreur permanente d'un signal s'il y a coïncidence entre la fréquence du signal et la fréquence de résonance du correcteur. Nous connecterons tous les termes intégrateurs en parallèle avec le terme proportionnel (Fig.IV.5). Les gains de tous les correcteurs s'additionnent.

La figure (Fig.IV.5) présente le schéma de principe de la méthode sélective

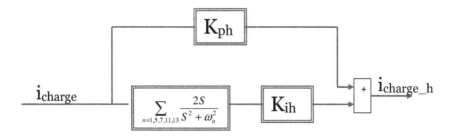

Fig. IV.5 Schéma de principe de la méthode sélective

Dans le cas de notre application, il est nécessaire d'utiliser des intégrateurs résonants multiples, chacun réglé à une fréquence déterminée (ω_5, ω_7, ω_{11}, ω_{13}…).

Le terme proportionnel K_{ph} et le terme intégral K_{ih} sont donnés par:[YU.04]

$$k_{ph} = \frac{L}{1.5T_e k_{pwm}}$$
$$k_{ih} = \frac{k_{ph}}{T} \qquad\qquad \text{(IV.10)}$$

Avec: L est l'inductance du filtre de sortie de l'onduleur.

K_{pwm} est le gain de l'onduleur.

T_e correspond au temps d'échantillonnage.

T est la largeur de la bande du régulateur résonant au voisinage de la pulsation ω.

T est choisie entre 0.005 et 0.02.

IV.2.3 Stratégie de commande

En plus de l'algorithme d'identification des courants d'harmoniques, on trouve la partie commande de l'onduleur (Fig. IV.2) qui se constitue de trois blocs.

א   Bloc de la régulation de la tension continue.

א   Bloc de la régulation de courant.

א   Commande de l'onduleur de tension (MLI).

IV.3 Résultats et simulation

Les paramètres du réseau d'alimentation du convertisseur sont:

$V_{eff} = \dfrac{310}{\sqrt{2}}$ V ; f = 50Hz ; R = 0.3Ω ; L = 8mH ; f_{dec} = 5KHz ; C = 500μF ; V_{dc_ref} = 800V.

Les paramètres pour le calcul des régulateurs du bloc de l'identification:

T_e = 400µs; K_{pwm} = 310/2; T=0.02.

Dans ce travail, on a utilisé la commande par MLI (fig. II.4).

La figure (Fig. IV.6) présente le schéma de principe du filtrage actif.

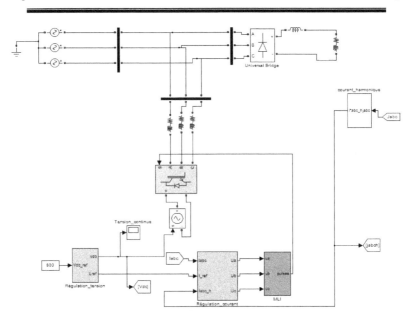

Fig. IV.6 Schéma de principe du filtrage actif

La figure (Fig.IV.6) présente:

ℵ L'analyse spectrale du courant de la phase *1* de la charge non linéaire et celui du réseau.

ℵ L'analyse temporelle de la phase *1* du courant de la charge (*Ich*), des courants identifié (*Iref*) et injecté (*Iinj*) superposés et de la tension continue (*Vdc*) aux bornes de la capacité.

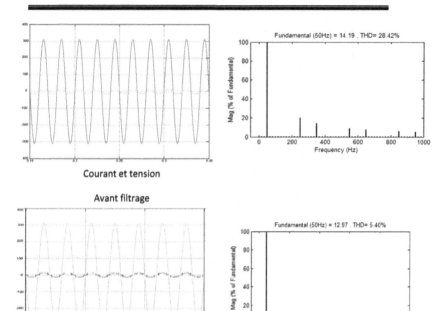

Courant et tension

Avant filtrage

Courant et tension

Après filtrage

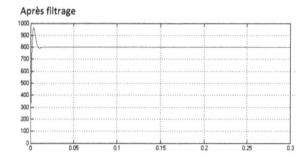

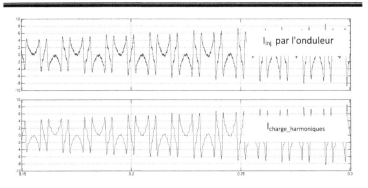

Fig. IV.6 Résultats de simulation du filtre actif parallèle

La figure (Fig.IV.6) montre que:

א   La forme des courants dans le réseau est presque sinusoïdale et en phase avec la tension du réseau après filtrage avec un THD=5.4%, avant filtrage le THD=28.42% côté réseau. Nous pourrons constater que la méthode sélective a nettement amélioré la qualité du courant,

א   La tension côté capacité est continue et suit la consigne (v_{ref} = 800V),

א   Le courant injecté par une phase de l'onduleur a la même forme que celui d'harmonique mais de signe opposé.

IV.4 Conclusion

Dans ce chapitre, nous avons choisi comme application, le filtrage actif, afin de mettre en œuvre la commande de l'onduleur, en effet la stratégie d'identification et de commande permet d'améliorer les performances d'un filtre actif parallèle.

Cette stratégie est basée sur la méthode d'identification des harmoniques côté charge, la méthode utilisée est la méthode sélective qui a pour principe d'extraire que les harmoniques gênants. La méthode de commande est basée sur la MLI afin de commander l'onduleur, et les régulateurs résonants pour la régulation.

Une simulation avec le logiciel MATLAB/SIMULINK a validé les résultats désirés.

Conclusion générale

L'étude de la stabilité transitoire des réseaux de transport d'énergie électrique constitue un sujet important pour la planification et l'exploitation des réseaux.

Notre sujet de recherche a été consacré à la modélisation, la commande des convertisseurs AC/DC, le contrôle du courant côté alternatif pour avoir un facteur de puissance égale à l'unité et la régulation de la tension côté continu.

Le convertisseur statique utilisé pour assuré la première conversion alternatif/continu est un redresseur de tension triphasé à commutation forcée commandé par une MLI triangulaire. Un onduleur de tension triphasé est chargé de la conversion continue / alternative, commandé lui aussi par une commande sinus-triangle.

Dans la partie modélisation, nous avons développé un modèle moyen afin d'améliorer les performances de ces convertisseurs, extraire des équations entre les grandeurs électrique dans le repère fixe (abc) et dans le repère tournant (dq).

Nous avons opté pour la commande MLI (Modulation à Largeur d'Impulsion), car les puissances mises en jeu sont importantes, ce qui nécessite un contrôle de la fréquence des commutations.

Nous avons étudié deux types des régulateurs afin de faire le contrôle de la boucle de courant et celle de la tension, ces régulateurs sont de type linéaire, PI sans compensation et régulateurs résonants, en effet les contrôleurs PI ne sont pas bien adapté dans le cas des grandeurs alternatives, c'est pourquoi nous avons opté pour les régulateurs résonants.

Avec les régulateurs PI, nous avons tout d'abord fait une transformation des courants et des tensions côté alternatif du repère (abc) au repère (dq) pour rendre les grandeurs électriques continues. Après régulation des courants alternatifs et de la tension continue, nous avons fait un découplage entre les grandeurs suivant l'axe d et suivant l'axe q. Puis à la sortie du bloc de découplage, une transformation inverse des tensions de la base (dq) à la base (abc). Enfin une comparaison de ces tensions avec la porteuse du bloc de modulation et la commande de l'onduleur.

La double transformation et l'existence d'un découplage entre les courants, active et réactive, fait que la régulation avec les régulateurs PI introduit un retard et demande une précision au niveau de calcul des références. Pour remédier à ce problème, nous avons choisi une autre solution qui consiste à transformer le régulateur dans le repère stationnaire au lieu de transformer les courants.

Le filtrage actif est une application de la commande et la régulation de l'onduleur, pour l'identification des courants d'harmoniques, nous avons choisi la méthode sélective basée sur les régulateurs résonants.

Pour conclure ce travail, nous avons constaté que les principaux objectifs fixés et prévus ont été atteints, des simulations ont été faites dans l'espace du logiciel MATLAB/Simulink, afin de valider les buts envisagés.

Perspectives

Les systèmes objet de notre étude sont des systèmes non linéaires. De plus les paramètres de certains composants sont susceptibles de varier selon les conditions de fonctionnement ce que mis en question la robustesse de la commande.

Nous projetons l'étude et mise en place des méthodes de commande adaptatives. A cet effet nous étudions le jumelage des méthodes non linéaires classiques définis par des lois mathématiques de rigueur et des méthodes de l'intelligence artificielle dont l'atout réside dans leur flexibilité d'implantation.

Références

[**AK.84**] H. Akagi, Y. Kanazawa and A. Nabae, «Instantaneous reactive power compensators comprising switching devices without energy storage components », IEEE Transaction on Industry Applications, vol. IA-20, No. 3, May/June 1984;

[**AK.90**] H. Akagi, Y. Tsukamuto, A. Nabae, « Analysis and design of an active power filter using quad-series voltage source PWM converters », IEEE Transaction on Industry Applications, vol. 26, No. 1, pp. 93-98, 1990;

[**BI.03**] M.Birame, « Commande floue d'un convertisseur AC/DC à UPF en cascade avec un convertisseur DC/DC double étage alimentant un système de bibernage par supercapacité d'un véhicule électrique », Thèse de l'Université de Batna, faculté des sciences de l'ingénieur, 2003;

[**GH.03**] E. Gholipour Shahraki, « Apport de l'UPFC à l'amélioration de la stabilité transitoire des réseaux électriques », Thèse de la faculté des sciences et techniques, université Henri Poincaré, Nancy 1, 13 Octobre 2003;

[**LE.04**] L.Leclercq, « Apport du stockage inertiel associé à des éoliennes dans un réseau électrique en vue d'assurer des services systèmes », Thèse de l'école doctorale pour sciences de l'ingénieurs, Lille, 14 Décembre 2004;

[**LO.99**] Konstantin P. Louganski, « Modeling and analysis of a DC power distribution system in 21st centry airlifters », thesis the faculty of the Virginia Polytechnic Institute and State University in partial fulfillment of the requirements, September 30, 1999;

[**KO.06**] h. Kouara, « Application d'un filtre actif série au contrôle de la tension d'un réseau basse tension », Thèse de l'Université de Batna, faculté des sciences de l'ingénieur, 08 Février 2006;

[NE.02] M.J. Newman, D.N. Zmood and D.G. Holmes, « Stationary Frame Harmonic Reference Generation for Active Filter Systems », IEEE Department of Electrical and Computer Systems Engineering, Monash University, 2002;

[OL.02] G. ollé, P. Laddoux, « compensateur d'harmonique et de puissances réactives », Publication RESELEC 2002;

[OT.03] I. Etxeberria-Otadui, « Sur les systèmes de l'électronique de puissances dédies à la distribution électrique_application la qualité de l'énergie », Thèse de l'Institut National Polytechnique de Grenoble, 26 septembre 2003;

[TO.06] B.Tounsi, « Etude comparative de groupes électrogènes embarqués à large gamme de vitesse variable associant machines à aimants permanents et conversion statique », Thèse de l'Institut National Polytechnique de Toulouse, 30 Janvier 2006;

[WA.92] M.X. Wang, « Filtrage actif de puissance : Etudes et réalisation d'un filtre actif à commande numérique temps réel », Thèse de l'Institut National Polytechnique de Toulouse, 18 Décembre 1992;

[XU.94] J. Xu, « Filtrage actif parallèle des harmoniques des réseaux de distribution d'électricité » Thèse de l'Institut National Polytechnique de Lorraine, Nancy 20 Janvier 1994.

[YU.04] X.Yuan, « Design of Multiple-Reference-Frame PI Controller For Power Converters », IEEE Power Electronics Specialists Conference, Aachen, Germany, 2004;

[ZH.00] Ye, Zhihong, «Modeling and Control of Parallel Three-Phase PWM Converters », Thése soutenue le 15 septembre 2000;

[ZM.99] D. N. Zmood & D.G. Holmes, « Stationary Frame Current Regulation of PWM Inverters with Zero Steady State Error », IEEE Department of Electrical and Computer Systems Engineering, Monash University, 1999.

Annexe I

I. Programmes

I.1 La boucle de courant

```
%boucle de courant sans correcteur
R=0.3;
L=8e-3;
kp=(16*sqrt(2)*pi)-0.3;
ki=32*pi*1e3;
w=2*pi*50;
wc=1.5;
num=[1];
den=[L R];
g=tf(num,den)
sans_correcteur=feedback(g,1)
step(sans_correcteur),grid,pause
bode(g),pause
[mg, mphi, wc, wpi]=margin(f)
%boucle de courant avec correcteur stationnaire
num1=[kp ki];
den1=[1 0];
c=tf(num1,den1)
fob=c*g
avec_correcteur_PI=feedback(fob,1)
```

```
step(avec_correcteur),grid,pause

step(sans_correcteur,'b:',avec_correcteur,'g--'),grid,pause

bode(fob),grid,pause

[mg1, mphi1, wc1, wpi1]=margin(fbf)
```

%boucle de courant avec correcteur resonant

```
num2=[kp ki kp*w^2];

den2=[1 0 w^2];

R=tf(num2,den2)

fob1=R*g

avec_regulateur_resonant=feedback(fob1,1)

step(avec_correcteur_PI,'b:',avec_regulateur_resonant,'r--'),grid,pause

bode(fob2),grid
```

I.2 La boucle de tension

%boucle de tension sans correcteur

```
C=500e-6;

kp=pi*sqrt(2)/10;

ki=20*pi*pi;

num=[1];

den=[C 1];

g=tf(num,den)

sans_correcteur=feedback(g,1)

bode(sans_correcteur),pause

step(sans_correcteur),grid,pause

[mg, mphi, wc, wpi]=margin(f)
```

%boucle de tension avec correcteur

```
num1=[kp ki];
```

75

```
den1=[1 0];

c=tf(num1,den1)

fob=c*g

avec_correcteur=feedback(fob,1)

bode(fob),grid,pause

step(avec_correcteur,'g--'),grid,pause

step(sans_correcteur,'b:',avec_correcteur,'g--'),grid,pause

[mg1, mphi1, wc1, wpi1]=margin(fbf)
```

Annexe II

I. Analyse fréquentielle des puissances instantanées

Nous effectuons cette analyse en prenant l'exemple d'un pont redresseur à thyristor triphasé (pont de Graetz). Cette analyse va permettre par la suite, d'une part de définir la dynamique du filtre de puissance chargé d'isoler les puissances actives et réactives conventionnelles et d'autre part de connaître la limite des applications de cette méthode d'identification.

Le courant I_s consommé par ce pont redresseur peut être décomposé en série de Fourier, comme le décrit l'équation suivante :

$$I_s(t) = \sqrt{2}I_1 \left[\begin{array}{l} sin(\omega t - \alpha) - \frac{1}{5}sin[5(\omega t - \alpha)] - \frac{1}{7}sin[7(\omega t - \alpha)] + \frac{1}{11}sin[11(\omega t - \alpha)] + \\ \frac{1}{13}sin[13(\omega t - \alpha)] - \frac{1}{17}sin[17(\omega t - \alpha)] - \frac{1}{19}sin[19(\omega t - \alpha)] + \ldots \end{array} \right] \qquad \text{(A.II.1)}$$

Avec I_1 le courant fondamental et (α) l'angle d'allumage des thyristors.

Nous remarquons que les courants harmoniques sont de rang $(6K \pm 1)$ $(K = 1, 2, 3,$ ....*etc.*) et que la valeur efficace de chaque courant harmonique Ih est inversement proportionnelle au rang correspondant $(Ih = I1/h)$.

Dans cet annexe, les cas de la tension du réseau et du courant de la charge polluante les plus probables à parvenir, vont être analysés et les pulsations des puissances instantanées pour chaque cas vont être calculées.

II.1 Courant harmonique équilibré avec une tension sinusoïdale équilibrée

La tension du réseau électrique, dans ce cas, est une tension sinusoïdale équilibrée donnée par la relation suivante :

$$\begin{cases} V_{s1} = \sqrt{2}V \sin(\omega t) \\ V_{s2} = \sqrt{2}V \sin(\omega t - \dfrac{2\pi}{3}) \\ V_{s2} = \sqrt{2}V \sin(\omega t + \dfrac{2\pi}{3}) \end{cases} \qquad\qquad (A.II.2)$$

Le courant de la charge polluante est celui représenté par l'équation (A.II.1). En faisant la transformation (α,β), nous obtenons les courants et les tensions suivants :

$$\begin{bmatrix} V_\alpha \\ V_\beta \end{bmatrix} = \sqrt{3}V_s \begin{pmatrix} \sin \omega t \\ -\cos \omega t \end{pmatrix} \qquad\qquad (A.II.3)$$

$$\begin{bmatrix} I_\alpha \\ I_\beta \end{bmatrix} = \sqrt{3}I_1 \left[\begin{pmatrix} \sin \omega t \\ -\cos \omega t \end{pmatrix} - \frac{1}{5}\begin{pmatrix} \sin 5(\omega t - \alpha) \\ \cos 5(\omega t - \alpha) \end{pmatrix} - \frac{1}{7}\begin{pmatrix} \sin 7(\omega t - \alpha) \\ -\cos 7(\omega t - \alpha) \end{pmatrix} + ... \right] \qquad (A.II.4)$$

Dans ce calcul, nous allons analyser la puissance réelle $p(t)$ puis généraliser les résultats pour la puissance imaginaire $q(t)$. La puissance réelle peut être calculée à partir des équations (A.II.3) et (A.II.4) comme le montre la relation (A.II.5):

$$P(t) = \underbrace{3V_sI_1\cos\alpha}_{\bar{P}} + \underbrace{\frac{3V_sI_1}{5}\cos(6\omega t - 5\alpha) - \frac{3V_sI_1}{7}\cos(6\omega t - 7\alpha) - .....}_{\tilde{p}} \qquad (A.II.5)$$

Le premier terme (continu) de cette relation représente la puissance active conventionnelle, tandis que les autres termes représentent la puissance alternative causée par les courants perturbateurs (harmonique dans ce cas).

II.2 .Courant harmonique équilibré avec une tension déséquilibrée

La tension du réseau électrique, dans ce cas, est une tension déséquilibrée donnée par la relation suivante :

$$
\begin{pmatrix} V_{s}^{1} \\ V_{s}^{2} \\ V_{s}^{2} \end{pmatrix} = \sqrt{2} \left\{ V_{d} \begin{pmatrix} sin(\omega t) \\ sin(\omega t - \dfrac{2\pi}{3}) \\ sin(\omega t + \dfrac{2\pi}{3}) \end{pmatrix} + V_{inv} \begin{pmatrix} sin(\omega t) \\ sin(\omega t + \dfrac{2\pi}{3}) \\ sin(\omega t - \dfrac{2\pi}{3}) \end{pmatrix} \right\} \qquad \text{(A.II.6)}
$$

Avec *Vd*, *Vinv* représentent respectivement les composantes directes et inverses de tension.

Le courant est celui représenté par l'équation (A.II.1). En effectuant la transformation (αβ), nous obtenons les courants donnés par la relation (A.II.4) et les tensions suivantes :

$$
\begin{bmatrix} V_{\alpha} \\ V_{\beta} \end{bmatrix} = \sqrt{3} V_{d} \begin{pmatrix} sin\,\omega t \\ -cos\,\omega t \end{pmatrix} + \sqrt{3} V_{inv} \begin{pmatrix} sin\,\omega t \\ cos\,\omega t \end{pmatrix} \qquad \text{(A.II.7)}
$$

Dans ce cas, nous allons aussi analyser la puissance réelle *p(t)* et puis généraliser les résultats pour la puissance imaginaire *q(t)*. La puissance réelle peut être calculée à partir des équations (IV.3), (A.II.4) et (A.II.7) comme le montre la relation (A.II.8):

$$
P(t) = \left\{ \underbrace{3 V_{d} I_{1} cos\,\alpha}_{\bar{p}} \right\} - \left\{ \underbrace{ \begin{aligned} & 3 V_{inv} I_{1} cos(2\omega t - \alpha) + \dfrac{3 V_{d} I_{1}}{5} cos(6\omega t - 5\alpha) - \dfrac{3 V_{inv} I_{1}}{5} cos(4\omega t - 5\alpha) \\ & - \dfrac{3 V_{d} I_{1}}{7} cos(6\omega t - 7\alpha) + \dfrac{3 V_{inv} I_{1}}{7} cos(8\omega t - 7\alpha) + \ldots \end{aligned} }_{\tilde{p}} \right\} \text{(A.II.8)}
$$

Le premier terme (continu) de cette relation représente la puissance active conventionnelle, tandis que les autres termes représentent la puissance alternative causée par les courants perturbateurs harmoniques et les tensions directes et inverses du réseau électrique.

www.ingramcontent.com/pod-product-compliance
Lightning Source LLC
LaVergne TN
LVHW042343060326
832902LV00006B/359